SRA

Intervenciones tempranas de la lectura

Libro de actividades C

McGraw Hill SRA

Bothell, WA • Chicago, IL • Columbus, OH • New York, NY

MHEonline.com

McGraw Hill SRA

Send all inquiries to:
McGraw-Hill Education
8787 Orion Place
Columbus, OH 43240

ISBN: 978-0-02-114642-0
MHID: 0-02-114642-X

Printed in the United States of America.

7 8 9 LOV 22 21

The McGraw·Hill Companies

Tabla de contenidos

Lesson 81....1
Lesson 82....2
Lesson 83....4
Lesson 84....5
Lesson 85....7
Lesson 86....8
Lesson 87....9
Lesson 88....11
Lesson 89....14
Lesson 90....15
Lesson 91....16
Lesson 92....17
Lesson 93....19
Lesson 94....20
Lesson 95....22
Lesson 96....23
Lesson 97....25
Lesson 98....27
Lesson 99....28
Lesson 100....29
Lesson 101....31
Lesson 102....32
Lesson 103....33
Lesson 104....34
Lesson 106....35
Lesson 107....36
Lesson 108....37
Lesson 109....38
Lesson 110....39
Lesson 111....40
Lesson 112....43
Lesson 113....44
Lesson 114....45
Lesson 115....46
Lesson 117....47
Lesson 118....49
Lesson 120....50

Nombre

Lección 81

Actividad 3

Actividad 4

Nombre____

Lección 82

Actividad 2

Actividad 4

baño	noche	canta
ocho	casa	año
techo	coche	plaza

Nombre ____________________

Lección 82

Actividad 5

música

entrada

muchacho

ratones

zapato

gemían

Nombre

Lección 83

Actividad 4

Actividad 5

gata	vivía	cazar
ratón	salía	porque
mucho	dijo	cerca
nunca	vamos	todos

Nombre

Lección 84

Xx

Actividad 4

x

x

X

X

Nombre______________________

Lección 84

Actividad 7

bonita

animales

comida

caballos

mañana

incluye

favorito

Nombre

Lección 85

Actividad 3

Actividad 5

miedo cuerpo

sierra tiene

tiempo

Nombre ______

Lección 86

Actividad 2

Actividad 5

América

cazaban

cocinaban

durante

terribles

usaba

extremo

espinas

Nombre ____________________

Lección 87

Actividad 4

plaza	gente	casa
plena	real	pavo
plumas	dicen	todos
quién	grita	gruñe

Actividad 5

marcha	plumaje
lindas	tráfico
cuadro	alcalde
plácido	encontrar

Nombre

Lección 87

Actividad 6

Actividad 8

Nombre ____________________

Lección 88

Actividad 2

mira	pregunta	marcha
alcalde	está	atranca

1. Un pavo real ____________ en la plaza.

2. La gente ____________ el pavo real.

3. El pavo real ____________ el tráfico.

4. El alcalde ____________: ¿De quién es este pavo?

5. El ____________ da una hora para sacar el pavo de la plaza.

6. El pavo real ____________ con Pablo.

Nombre

Lección 88

Ww

Actividad 5

w

w

W

W

Nombre____

Lección 88

Actividad 6

para	porque	lee
están	taxi	perro
Max	tiene	luces
día	ahorro	tuvo

Actividad 7

chófer	puerta
examen	bóxer
estudia	llantas
claxon	revisa

Nombre ______________________________

Lección 89

Actividad 3

Actividad 5

sorprenden

entonces

responde

pregunta

esquina

excelente

Nombre____

Lección 90

Actividad 4

maíz	tiempo	pez
taxi	corre	pardo
familia	habla	tiene
tienes	alguna	Sox
Max		

Actividad 5

Wonder	Wanda
mascota	pequeñito
caballo	elefante
nuestra	señorita

Nombre____

Lección 91

Actividad 2

Actividad 5

viajan cientos siente

familia baila bailan

buenas

Nombre ______

Lección 92

Actividad 2

Actividad 4

música

tiene

éxito

fuerte

mañana

familia

dicen

invita

Nombre

Lección 92

Actividad 6

Nombre________________________________

Lección 93

Actividad 3

hoy

mar

hotel

postres

nadar

muy

tenis

coche

helado

Nombre

Lección 94

Actividad 2

Actividad 4

Nombre

Lección 94

Actividad 5

lechugas

muchacho

animales

mercado

montaña

zapato

azucena

carretera

Nombre______________________________

Lección 95

Actividad 2

Actividad 4

peces	pescaron	pescador
camina	camino	caminó
pequeño	temprano	tuvieron

Nombre

Lección 96

Actividad 2

Nombre

Lección 96

Kk

Actividad 3

k

k

K

K

Nombre

Lección 97

Actividad 2

Nombre________________________________

Lección 97

Actividad 4

pinturas animales

zoológico regresando

recuerdan chistoso

cariñoso colgarse

acuerdas pregunta

Nombre

Lección 98

Actividad 2

Actividad 4

Australia

continente

océano

Pacífico

zoológico

kilómetros

eucaliptos

Nombre

Lección 99

Actividad 3

Actividad 4

pequeño

orgullosos

tomando

cachorro

despertar

Nombre____

Lección 100

Actividad 3

Nombre____

Lección 100

Actividad 4

verano parece

temprano fuerte

ancla después

siente oscuras

cántaros empieza

Nombre ____________________

Lección 101

Actividad 2

comienza lamerlos pequeñito

calorcillo delanteras despacito

arrastra encuentran

Actividad 4

	perro	llama	chicharra	iguana
1. ¿Tiene la sangre caliente?				
2. ¿Nacen vivos los bebés?				
3. ¿Es verdad que la mamá lo alimenta con leche de su cuerpo?				
¿Es un mamífero, sí o no?				

Nombre ____________________

Lección 102

Actividad 1

protege

boquitas

estirarse

necesitan

creciendo

despierta

Actividad 3

Nombre

Lección 103

Actividad 1

diferente

buscarlo

consiguen

persiguen

encuentran

Actividad 2

Nombre

Lección 104

Actividad 1

banquillo

principio

alimento

regañarlos

después

cazaran

Actividad 2

Nombre______________________________

Lección 106

Actividad 2

chiquititos	tocarse	sentirse
reconocen	necesitan	calentitos
podrían	buscarlos	principio
arrastran	mueven	acurrucan
quietecitos	dormiditos	duermen

Nombre

Lección 107

Actividad 2

empiezan rodean aunque
fuerte alimentos todavía
necesitan siempre muerden
mordiscos

Actividad 4

Nombre ______________________________

Lección 108

Actividad 2

muerden	pelean	corretean
juguetes	persiguen	llevarse
tratan	enseña	

Actividad 5

Nombre____

Lección 109

Actividad 2

alimentos

aprendido

aprender

mordisquear

momento

sólidos

Nombre

Lección 110

Actividad 2

Hay muchas cosas sobre perritos y gatitos que son iguales.

Nombre____

Lección 111

Actividad 2

enfrentar

tiempo

océano

paisaje

pequeñas

solamente

poblaciones

pertenecen

tierra

cubiertos

hembras

encuentran

empacado

prohibida

Nombre________________________________

Lección 111

Actividad 3

Canadá	sí	no
México	sí	no
Colombia	sí	no
Groenlandia	sí	no
España	sí	no
Rusia	sí	no
Noruega	sí	no
Estados Unidos	sí	no

Nombre ____________________

Lección 111

Actividad 4

Osos polares

¿Qué sabemos?	¿Qué aprendimos?

Actividad 5

Nombre

Lección 112

Actividad 3

calladitos

demasiado

gateando

pequeños

comedores

seguridad

Actividad 6

Nombre

Lección 113

Actividad 3

normalmente cachorros

alrededor enseñará

suficientemente

Actividad 6

Nombre

Lección 114

Actividad 2

Nombre

Lección 115

Actividad 2

Delfines

¿Qué sabemos?	¿Qué aprendimos?

Actividad 3

Nombre____

Lección 117

Actividad 1

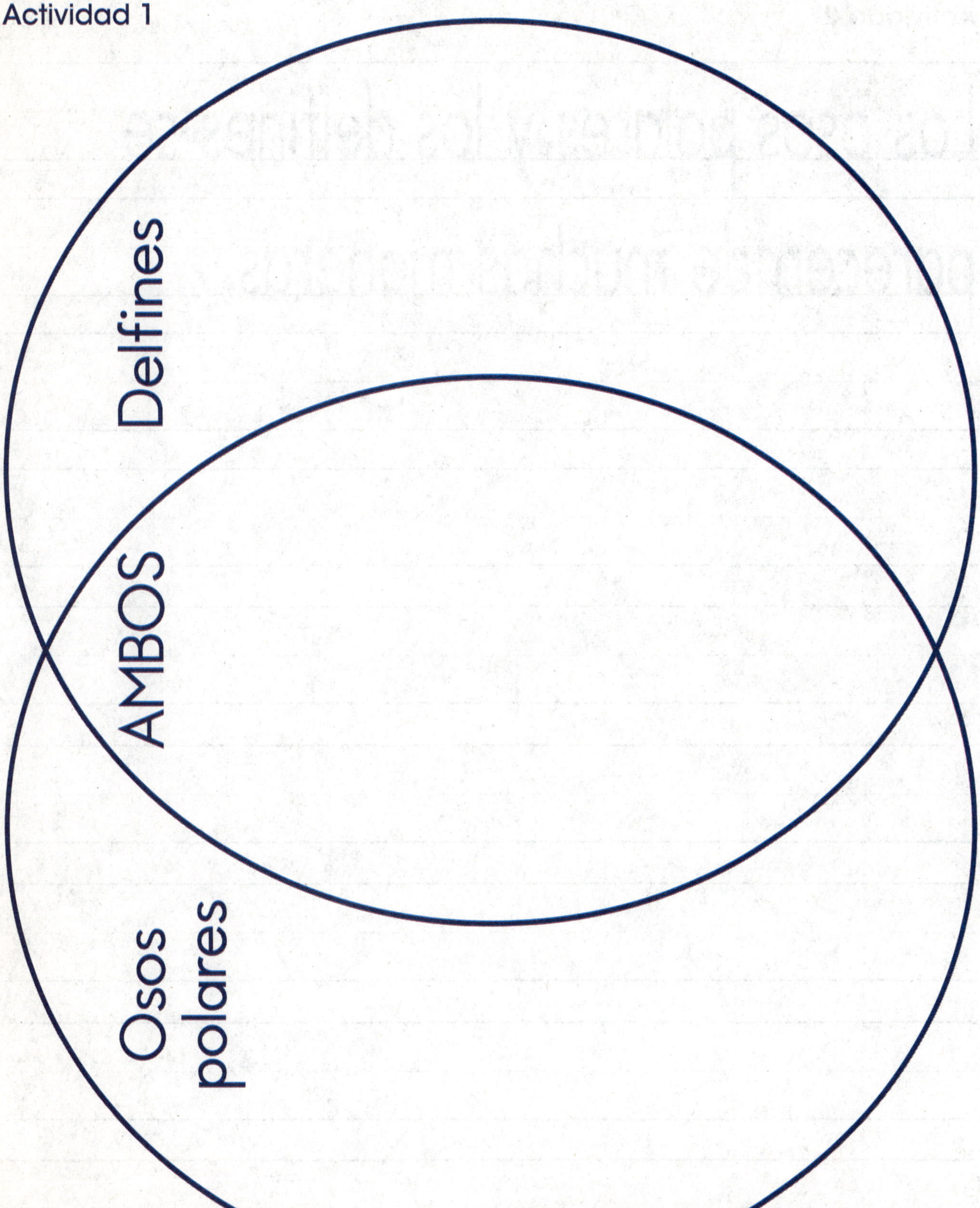

Nombre______________________________

Lección 117

Actividad 2

Los osos polares y los delfines se parecen de muchas maneras.

Nombre ____________________

Lección 118

Actividad 2

Nutrias de mar

¿Qué sabemos?	¿Qué aprendimos?

Actividad 3

Nombre ____________________

Lección 120

Actividad 1

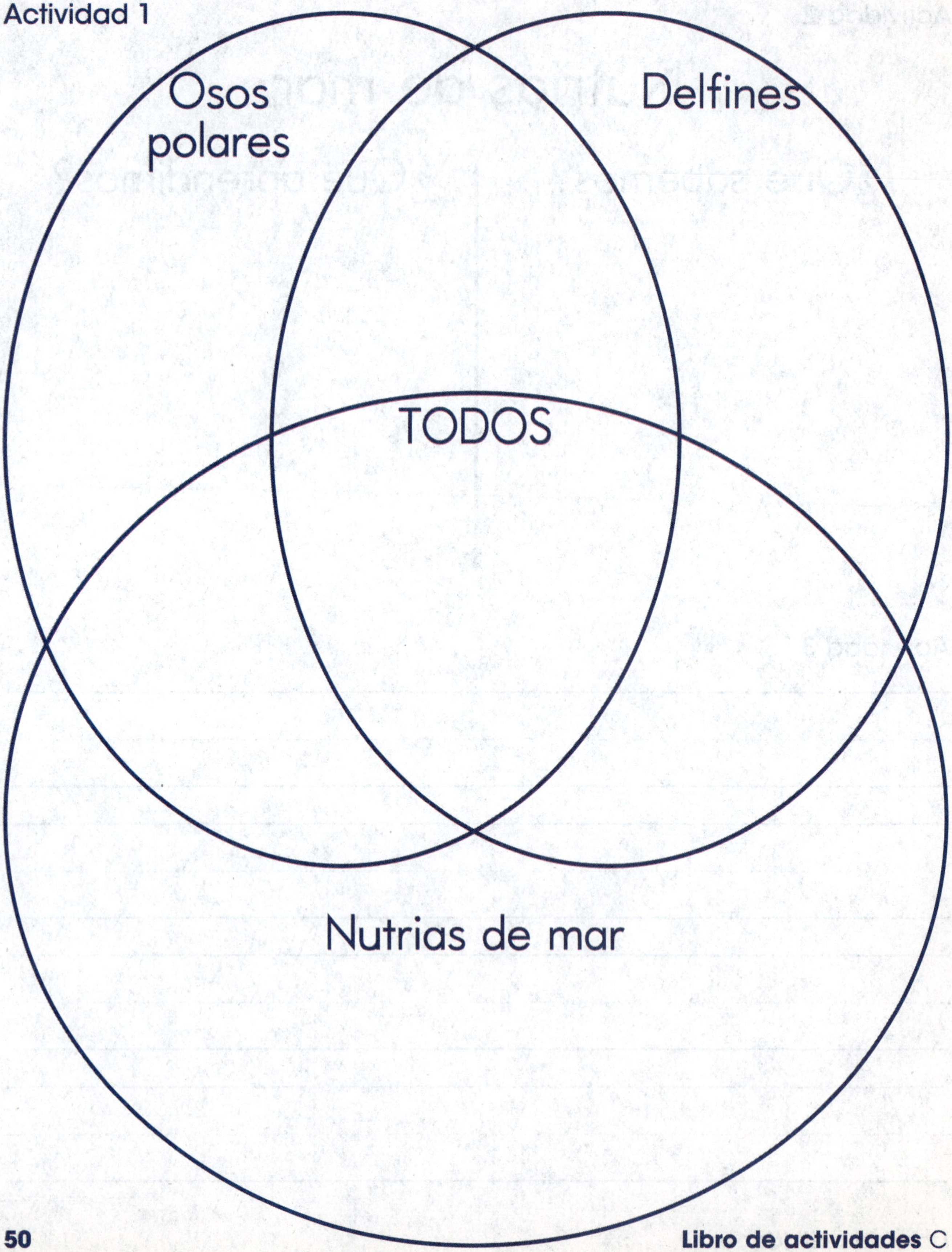

Nombre

Lección 120

Actividad 2

Los osos polares, los delfines y las nutrias de mar se parecen de muchas maneras.